CHOPIN

VALSES

ショパン ワルツ集 遺作付

解説付

New Edition

中級1―上級1

音楽之友社

目 次

- ワルツ 3
- ショパンのワルツ 11
- 本版について 112

GRANDE VALSE BRILLANTE Op. 18

1. Vivo — page 16

3 GRANDE VALSE BRILLANTE Op. 34

2. Vivace — Op. 34-1, page 26
3. Lento — Op. 34-2, page 35
4. Vivace — Op. 34-3, page 40

VALSE Op. 42

5. page 44

3 VALSES Op. 64

6. Molto vivace — Op. 64-1, page 54
7. Tempo giusto — Op. 64-2, page 58
8. Moderato — Op. 64-3, page 64

2 VALSES Op. 69

9a. Tempo di Valse — Op. 69-1, page 70
9b. Lento ♩=138 — page 72

10a. Op. 69-2, page 76
10b. Moderato ♩=152 — page 79

3 VALSES Op. 70

11. Molto vivace ♩.=88 — Op. 70-1, page 84
12a. Op. 70-2, page 88
12b. Tempo giusto ♩=144 — page 90
13. Moderato ♩=108 — Op. 70-3, page 94

14. Tempo di Valse — KK IVa/12, page 96
15. KK IVa/13, page 100
16. KK IVa/14, page 102
17. KK IVa/15, page 105
18. Sostenuto — KK IVb/10, page 109
19. Allegretto — KK IVb/11, page 110

ワルツ

大嶋かず路

1
萌芽のワルツ——1830年冬 ウィーン

コンスタンツヤ・グワトコフスカ
Konstancja Gładkowska
(1810-1889)

　王宮の屋根の向こうに顔をのぞかせる教会の尖塔が、薄墨色の夕闇に霞んでいく。

　コールマルクトは夕刻の賑わいを見せ、帰路を急ぐ人々の間を割り込むように馬車が往来している。

　そんな巷の喧騒も、通りに面した建物の上階にまでは届いてこない。

　小さなランプがほのかな光を放つアパートの一室で、ショパンは机に向かい、薄汚れたガラス窓に視線を向けていた。

　とは言え、窓の外を眺めていたわけではない。

　ショパンが見ていたのは脳裏に映し出されるある夕暮れ時の光景——木漏れ日が眩しい並木道をそぞろ歩く金髪の歌姫の可憐な後姿だった。

　コンスタンツヤ……

　あの娘に夢中になっていたことが、つい昨日のことのように感じられた。その一方、永遠に離れ去ってしまった遠い過去の出来事のような気さえする。

　ショパンは机の上に視線を落とした。

　そこには横長の大きなサイン帳が開いたままになっている。

　祖国を離れて以来、ショパンが肌身離さず持ち歩いているそのノートには、家族や友人たちの温かい言葉と共に、コンスタンツヤの愛情深い一筆が保存されている。

　ショパンはゆっくりとページをめくり、ランプの光を頼りに彼女の美しい筆跡を探し当てた。

　紙面にそっと手を当て、瞼を閉じる。すると、甘美な変ニ長調の旋律がたちどころにショパンの耳に忍び込んでくるのだった……。

＊

「いつだったか手紙に書いたと思うけど、このワルツはただの音楽ではないのさ」

　あるとき、その曲を友人ティトゥス・ヴォイチェホフスキに聞かせながら、ショパンはなにかとびきり凄いアイデアを打ち明けるかのように言ったのだった。

「この音楽は……実は……コンスタンツヤに対する僕の思いそのものなんだ」

　その口調は温っぽかった。

　ショパンの言葉に偽りはない。春のある日、彼女の姿を夢想に描いているうちに、いつしかこの曲が完成していたのだった。

「さすがだな、マエストロ・ショパン」

　ティトゥスはぶっきらぼうに言い、ふと皮肉な笑みを口元に浮かべた。

「いいアイデアじゃないか。この曲が手元にあれば、いつだってあの歌姫と踊っていられる。他の誰かに場を奪われる心配もない」

　友の言葉にショパンは顔を赤らめ、目をそらせた。

　ダンスの申し込みの絶えなかった彼女。口ひげの先端を巻上げた粋なロシア人将校と楽しげに踊るコンスタンツヤの姿を横目で見ながら、ショパンは自分の不がいなさを恥じた。人前で彼女にダンスを申し込む勇気のない自分自身を責めた。

「冗談さ、フリッツ。他意はない」

「わかっているさ。きみにとって軽口もフェンシングも一緒だ。容赦なく相手をついて一撃にする。さすがチャンピオン」

※3〜10ページの記述は、史実を基に構成しています。

「怒ったのか？」

ティトゥスはショパンの顔を覗き込んで、ニヤッと笑った。

「なあ、ショパン、お前にだって責任はあるのだからな。ワルツなんか書くから。コンスタンツヤと踊りたいという願望の表れだと思われて当然だろう」

近年流行のワルツという華やかな舞踏音楽。ショパンの好きなタイプの音楽ではあったが、踊りが伴わなければワルツではない、というような世間の風潮にいささかうんざりしていた。

「残念だけど、ダンスのためにワルツを書いたわけではないよ」

ショパンの言葉に、ヴォイチェホフスキは身をのけぞらせて笑った。

「ダンスのためではないとしたなら、なぜワルツを書く？　流行っているからか？」

だしぬけのティトゥスの問いに、ショパンは言葉を詰まらせたのだった。

ぼくのワルツとは？　果たして何を意味するのか？

いや、ワルツだけではない。これはショパンのすべての作品に対する問いでもあった。

漠然とした思いはあるものの、その答えはいまだ明確な輪郭線を描きだすに至ってはいない。

軍歌、ミサ曲、国民オペラ……

こうした音楽を望む声が毎日のように寄せられたが、ショパンは宿題を放り出した子供のように何一つ手を付けようとしなかった。

その一方、胸の内ではいくつもの音楽的発想が芽を膨らませ、一斉に開花しようとしているのを感じている。

バラード、スケルツォ、ポロネーズ、ワルツ……

その幹たる自分自身が進む先には、いったい何があるのか？

これはショパンが音楽の道を歩むことを意識しはじめた頃から、常に胸に抱く問いでもあった。

＊

夕焼けに照らされて煌々と光を放っていたウィーンの屋根は、今や仄暗い空の下で角張った黒い影を描きだしている。

時計の針は5時を告げようとしていた。

遅い昼食の後、「すぐに戻る」と言い残し、ウィーンの雑踏に姿を消したヴォイチェホフスキは、いまだに帰る様子はない。

行く先を知らされてはいなかったが、ショパンは友がどこへ出かけたか知っていた。証券取引所、銀行、そして郵便局。

ヴォイチェホフスキが一人でそこへ向かうわけは、東方のニュースを得るためだった。

ロシアとの関係悪化に揺れるワルシャワの情況は、ショパンの心に常に暗い影を落としていた。

そんな友を気遣ってか、ヴォイチェホフスキは祖国の情況について滅多に話題にしない。それとなく尋ねても、軽い言葉でかわされてしまうのだった。

扉が開閉する音と共に、凍てついた外気が部屋の中に流れ込んできた。

「冷え込んできたぞ……」

ティトゥス・ヴォイチェホフスキは帽子と外套を身につけたまま大股で客間を横切り、グラスにワインを注いで飲み干した。

「手紙は来ていたか？」

ショパンの問いかけに、ヴォイチェホフスキは肩をすくめる。

「来ていない。これと言ったニュースもなし。耳に入ってくるのは根も葉もない噂話ばかり。まったく聞くに堪えない」

ヴォイチェホフスキは足早に部屋を移動し、外套と帽子をショパンに放ってよこした。

「フリッツ、出かけるぞ。商工会議所主催の夜会だ。ウィーンの流行に触れるいい機会じゃないか。主催者にはふたりで出かけると返事をしておいたよ」

ショパンはため息を一つつくとアルバムを引き出しに放り込み、立ち上がった。

2
ウィーンのワルツ

ケルントナートーア劇場
（1830年頃）

　シャンデリアが眩く室内を照らし、ビロード張りの壁に点々とかけられた金枠の鏡がワルツに踊り興じる男女を映し出している。
——ウィーンの人々はなぜこうも毎晩踊り興じていられるのだろう？
　部屋の片隅でワイングラスを傾けながら、ショパンは訝（いぶか）る。
　3拍子のリズムに合わせて大波のように動き回る人々。彼らが描き出しているのは、ウィーンの夜の風景の小さな一コマに過ぎない。街角に無数に散らばるそのコマを全てつなぎ合わせたら、天空に描けそうな巨大な舞踏会の図が完成しそうだ。
「これぞウィーンの音楽。時代の求める音楽とでも言えましょうか」
　話しかけてきたのは、ショパンの隣で葉巻をくゆらせていた初老の紳士だった。
　紳士はケルントナートーア劇場の支配人の旧友とのことだったが、ショパンはその名を記憶にとどめることができなかった。
「今演奏されているのはシュトラウスのワルツです。よく聞いてごらんなさい。古い民謡の旋律あり、流行歌の旋律あり。これらを絶妙に絡めて3拍子のリズムに乗せている。正に職人芸ですな」
　紳士の言葉を聞き流しながら、ショパンは白いドレスの愛らしい少女を颯爽とリードする友の姿を眺めた。
　ヴォイチェホフスキはショパンより2歳年上なだけだったが、ショパンの目にははるかに年上に映じた。フェンシングや砲丸投げに明け暮れていた少年は、いつしかハンサムな好青年へと姿を変えていた。気品のある、洗練された身のこなしは、パリ仕立ての上等な燕尾服にぴったり合っている。
　この2週間でヴォイチェホフスキはウィーンにすっかり溶け込み、社交生活を謳歌する心の余裕さえ見せている。
　ショパンはその逆で、舞踏音楽が充満する空間に身を置くことに違和感さえ覚えるようになっていた。
「音楽は今や大衆のものです。ここでは誰もが音楽に参加できる。あなたも音楽家ならウィーンの流儀に従うといい」
　紳士の言葉に、なるほど……とショパンは思う。
　ウィーンの市民は陽気だ。街角ではツィンバロンが眠たげな音を立て、誰かが流行歌を口ずさめば、人々はたちどころに歌や踊りに駆り立てられる。
　誰もがそれなりの教養を身につけることに喜びを見出し、連日劇場は満員。かつては上流階級専用だったボックス席に、裕福な商人一家が座を占めることも今では珍しくはない。
　町全体をスモッグのように覆うこの甘美な幸福は、面倒に巻き込まれたくないという市民の切実な心情の裏返しにも見える。
　ナポレオン戦争で荒廃したヨーロッパの再生のために、政府は革命思想の根絶を図った。嫌疑をかけられ逮捕、連行された者の行く末は、人々を震撼させた。
　市民が毎夜乱痴気騒ぎに夢中になるのは、現実逃避に近いものであった。シュトラウスやランナーの音楽が人々を夢の国に誘い、陶酔させる。
——今が楽しければそれでいい。明日地球が回っているかどうかだってわかりゃしないのだから——
　巷ではこのような楽観的な言葉がたびたび聞こえてくる。これがウィーン気質（かたぎ）というのだろうか……。
　眩いシャンデリアの下で一心不乱に踊る人々の姿は、ロシア占領下のワルシャワで育った若者の目には異質にさえ映った。
　そのとき、ふとショパンの胸を一つの疑問がかすめた。
——果たしてこの音楽の都は真に自分自身の舞台となり得るのか……？

予期せぬ問いにとまどい、ショパンはぎこちなくグラスを傾ける。ウィーンでの成功を夢に描いていた若者にとって、この疑問は打撃でさえあった。
　そんなショパンに追い打ちをかけるかのように、紳士は言葉を続ける。
「難しい音楽は先人たちに任せ、大衆の望みを理解することです。これこそ、成功への確実な道ですよ」
「確かにおっしゃる通りかもしれません」
　快活を装い、明るい口調でショパンは言った。
「実はわたしも既に幾つかワルツを作曲しました」
「ほう……」
　紳士は眼鏡の向こうの目を光らせた。
「それは素晴らしい。ぜひお聞かせ願いたい」
　お手並み拝見と言わんばかりの口調だ。
「わたしの作品はウィーンのワルツとは違います。踊れるかどうかも定かではありません」
「はて、踊れないワルツをワルツと言えますかな？」
　予想通りの紳士の反応に、ショパンは苦笑する。
　ボトルを手にした給仕がワインでグラスを満たすのを待って、ショパンは言った。
「わたしの音楽は踊りを強いません。ダンス音楽とは別物です」
　そのとき、ヴォイチェホフスキがギャロップの輪から離れてやってきた。
「フリッツ、踊らないのか？　カドリーユのパートナーを探している子たちがいる。紹介するよ」
「いや……」
　ショパンは暫し口を閉ざした後、グラスをテーブルに置いた。
「帰ろう。もう遅い」
　席を立ち、傍らの紳士に会釈して足早に戸口へ向かうショパン。そんな友をヴォイチェホフスキは当惑したように眺め、指を打ち鳴らして給仕を呼んだ。

*

　青白い月明かりに照らされたホーエルマルクト広場をゆっくりと歩きながら、ヴォイチェホフスキはショパンがこのところ全くダンスに交わろうとしないわけについて思いめぐらせていた。
　ヴォイチェホフスキの知るショパンは、痩身な弱々しい少年だった。身体のどこが悪いのかは詳しく知らなかったが、ショパンが治療のために通院していたのを知っていたし、学校の授業も欠席しがちだった。
　虚弱であるという点、ショパンは今も昔も変わりはない。半ブロック先を行くショパンの背中は幾分前かがみで丸みを帯びている。
　ショパンはきっと踊れないのだろう、とヴォイチェホフスキは思った。
　むろん、その能力がないのではない。ヴォイチェホフスキは学生時代に友が頻繁にダンスパーティーに通っていたことを知っていた。
　ただ、時おり波のように襲い掛かる疲労感に、ショパンは粉々にされる。そうなると、いかなる娯楽もショパンの関心からすり抜けていってしまうのだ。
　フリッツはなぜ病気ばかりしているのだろう、と子供心に思ったものだ。その問いは今も尚、ヴォイチェホフスキの胸をかすめては、憐憫の情を蘇らせる。
「なあショパン」
　ヴォイチェホフスキの呼びかけに、ショパンは立ち止まり、振り返った。
「蜜酒を飲んでいかないか」
「ああ、いいなあ……」
「店はすぐそこだ。温まるぞ」
　ヴォイチェホフスキはショパンの肩に手をやり、ユダヤ人街へと通じる横町へと歩を進めた。

3
良き昔日

　商工会議所主催の夜会の席でショパンの胸に宿った小さな疑念は、その後急速に膨張して若き音楽家の胸を圧迫した。

　クリスマス前のある朝、突如帰国の途についたヴォイチェホフスキを見送ってからというもの、この疑念は魔物のようにショパンの心を掴み、片時も離れようとしない。

　ときに王宮前の石畳の上を歩きながら、ときに教会脇のベンチに座って道行く人々の姿を眺めながら、ショパンは自問を繰り返した。

──果たしてここウィーンは自分自身の舞台となり得るのか？

　外国人であるならば誰でも抱く疑念ではあったが、ショパンにとってこの問いは、音楽は大衆的であるべきか否かという問題をはらむ奥深いものであった。

　民衆に迎合する芝居や音楽を否定する気はない。しかし、ウィーンに来て、大衆受けを狙った作品に触れれば触れるほど、ショパンの心は音楽の都から遠のいて行くのだった。

　市民の満足する音楽を毎日書けば、職業音楽家としての地盤は築けるかもしれない。しかし、たった一度の演奏でこの世から消えてしまう音楽をいくつも書いて、最後にはいったい何が残るのだろう。

　そう思うたびに、ショパンの胸には学生時代に耳にしたある言葉が去来するのだった。

──芸術の自律……

　18世紀末、フランス革命の熱狂も冷めやらぬ中でイエナの詩人シラーが残したこの言葉は、多くの芸術家に影響を与えていた。

　1789年、パリで勃発した革命はこれまで不可謬とされていた教会と政府の醜い癒着を暴き、その虚像を打ち砕いた。その衝撃は従来の価値観を覆し、新しい時代の幕開けを告げる文芸家や思想家を登場させた。

　シラーやノヴァーリスをはじめドイツの作家たちが人間の生来の自由を主張し、あらゆる感情を包み隠さず表現する一方、芸術と宗教を重ね、美の創造者の内にこそ神が宿ると主張する者もあらわれた。

　旧来の堅固な伝統や形式から抜け出した詩人たちは思い思いに自己主張し、熱病に取りつかれたかのように創作に駆られた。

　一見支離滅裂な彼らの活動の根本原理は、良き昔日──大地を潤す自然と、人々の心に息吹く神の愛が生き生きと表現されていた時代に立ち返ることにある。

　18世紀末に開花したこの新しい文芸活動についてショパンが関心を抱いたのは、ワルシャワ大学で文学者カジミェシ・ブロジンスキの講義を受けてのことだった。

　教壇に立ったブロジンスキはフランス革命後、ドイツ語圏を中心に展開した新思想の傾向と文学の在り方について熱く語った。

　これらは一つの例に過ぎず、その先にはポーランドの文芸家の進むべき道標が示される。

　身を乗り出してブロジンスキの言葉に聞き入る多くの若者たちの間に、ショパンの姿もあった。

　授業を終えた学生たちは、大学近くのカフェに移動し、文学談議に明け暮れた。

──モフナツキ、ザレスキ、ヴィトフィツキ……今ごろ皆、どうしているだろう……

　ウィーンの街角に一人佇むショパンの脳裏に、夜更けまで語り明かしたワルシャワでのある晩の光景が鮮明に浮かんだ。

　若者たちのたまり場だった文学カフェ。

　壁際の大きなテーブルの中央に席を陣取るマウリツィ・モフナツキを文学熱に取りつかれた若者たちが囲んでいる。思想家、ジャーナリスト、音楽家と様々な肩書を持つモフナツキの人望は厚い。

「いいか、ここで神を定義しなおす必要はない。そういう作業はドイツ人たちに任せよう。思い出すべきは、人類が神から与えられたものの中で最も崇高なものは、自由だということだ」

「いや、最も崇高なものは愛だ。神こそは愛と言うだろう」

　モフナツキの言葉を茶化すかのように、誰かが言う。

マウリツィ・モフナツキ
Maurycy Mochnacki
(1804-1834)

「その通り」

　モフナツキは断言し、声の主の方に顔を向けながら、言葉をつづけた。

「愛――知ってのとおり、我々の抱くすべての感情の核心は愛だ。悲嘆や憤怒にしてもその根源には愛がある。重要な点は、その色彩豊かな感情を表現する上で、我々は完全に自由だということだ。感情表現はむしろ、詩人に課せられた義務とでも言うべきかな」

「自由が天与のものなれば、詩人はそれに報わねばならないということか」

　誰かが言う。

「いや、文学に限ったことではない。これは表現に関するすべての分野に言えることだ」

　モフナツキは言い、鉛筆の背をショパンに向ける。

「むろん、音楽においてもだ。肝心なのは、その表現方法だ。ありきたりな表現ではだめだ。真の創造者は最高の表現を常に模索しなければならない」

　時を追うごとに、人だかりはふくらみを増していく。後から来た者が店のあちらこちらから椅子を引っ張ってきて、モフナツキの周囲に腰を落ち着ける。

「少々補足させてもらっていいかな」

　詩人ボフダン・ザレスキがモフナツキの言葉を継いだ。

「つまり自己の内面を文学、芸術として表出することは、この世を美で照らすことに等しい。それを完全に可能にさせるのは神だ。神は芸術家の内に宿り、その作品を永遠のものとして存立させる。我々はともすれば忘れがちだが、神への敬意なしに、美の創造はなしえない」

　湧き上がる拍手。信心深い者もそうでない者も、信仰がポーランド人の精神生活の支柱であることを理解している。とりわけ「神の御業は時に適って美しい」という聖書の言葉は、国家の再生を悲願とする一民族に希望の光を投げかけていた。

「これについてはザレスキが手本を示してくれるだろう。詩の朗読会は金曜の晩だ」

　鳴りやまぬ拍手を静止して、モフナツキは続ける。

「諸君、ここでぼくがあえて主張したいことは、今という時代を生きる創作家が共通の理念を持って創造に着手したらどうかということだ。一例として民族というテーマを挙げるが、何もぼくはここで皆に民謡作家になれと言うつもりはない。待てよ、これについて面白い記事がある」

　モフナツキが新聞を開いて記事を読み始めたところで、隣のテーブルを囲んでいた軍人の一人が割って入った。

「おい、モフナツキ、自由な感情表現が許されるというのなら、我々も自分たちの流儀に従って最高の表現を模索するよ」

　そしてビールジョッキを掲げて、「民族のために」

　軍服を着た一群が口を挟むと、文学談議は瞬時にして政治色の濃いものとなる。

「自由それ自体の奪還が先決だ」

　別の兵士が言う。

「それなしに、いかなる崇高な案も絵に描いた餅でしかない」

　笑いがどよめく。モフナツキはやめてくれというように手を振り、葉巻をもみ消した。

「それについては後でじっくり話そう。そうだ、場所を移してもいいな」

　モフナツキは新聞をポケットにねじ込みながら立ち上がり、

「今晩はお開きだ。続きは明日にしよう。学生たちは帰って寝ろ。一時間目の授業に遅刻するなよ」

　――移り気なモフナツキの思考について行くことに皆、苦労したものだ……

　ショパンは当時の光景を、苦笑いと共に思い浮かべる。

　文学カフェでの交友は、作曲家を志すショパンにとって刺激となるものだった。

　――自分自身の内面をいかに表現するか。それによって美の極致に達することは果たして可能であるのか？……

　ワルシャワのカフェで若者たちがその答えを見出そうとした問いは、ショパンにとってもまた切実な問題であったに違いない。

　1831年春、ショパンは新たな表現の場を求めてウィーンを去ることを決心した。

　出立を決意したその胸には、ウィーナー・ワルツを凌駕するワルツを書き上げるという野心さえ燃えている。

　乗車券発券所の列に並んだショパンの胸は、呪縛から解き放たれたかのような不思議な穏やかさで満たされていた。

「ミュンヘン行き、一枚」

　駅馬車でバイエルンへ向かい、そこからシュトゥットガルトを経由してパリへ。

　ショパンの内で自身の志す音楽はいよいよ輪郭を確かにし、真昼の陽光のように鮮やかにその道標を照らしている。

4
別れのワルツ——1837年パリ

マリア・ヴォジンスカ
Maria Wodzińska
(1819-1896)

マリア・ヴォジンスカによる
ショパンの肖像
（1835年頃／水彩画）

　石畳の上を馬車が往来し、沿道では花かごを抱えた少女たちが楽しげに笑いながらゆっくりと歩いて行く。
　黒髪をおさげに結った一人の少女の姿が、窓越しに通りを眺めるショパンの視線をとらえた。
　——初めてマリアと会った時、彼女はまだ幼くて、あんなふうに髪を結っていたものだった。
　そう思うや、ショパンの心は塞いだ。
　マリア・ヴォジンスカとの婚約とその悲しい結末は、ショパンの胸に癒えることのない傷を与えた。
　マリアとの思い出は全て胸の奥底に閉じ込めて、記憶の彼方に葬り去ってしまいたかった。
　それにもかかわらず、世間はそれを許さない。
　秘密の封印を解いて回っているのは、お喋り好きなヴォジンスカ夫人に違いなかった。噂話に国境はない。いかなる秘密もポーランド人社会では筒抜け同然だった。
　——人の口に戸は立てられないというのは、このことだな……。
　背後では、友人フランツ・リストとマリー・ダグー伯爵夫人が何やら言い争っている。その声をどこか遠くに聞きながら、ショパンはポーランド人社会内の噂があふれ出てパリ全体に広まっているのではないかという懸念に怯えていた。
　その時、ダグー伯爵夫人の突き刺すような声がショパンをぎくりとさせた。
「それはそうとショパンさん、最近ワルツを作曲されたそうだけど、聞かせてくださらないの？」
　そう問いかけるマリーの真意は、計り知れない。
「ワルツ……？」
　聞き返しながらショパンが思い起こしたのは、2年前に作曲した変イ長調のワルツだった。

　この曲はマリアとの愛に満たされた幸福の中で生み出された。至福の形象と言えば、その通りかもしれない。
　とは言え、このワルツについてマリーに話して聞かせることなどなにもない。
　黒い噂話の蔓延におののきながら、ショパンは伯爵夫人の言葉が偶然であることを願った。
「喋りすぎだね、マリー。少しは口を閉ざしたらどうだ？　矢継ぎばやに色々言われたら、ショパンくんだって困ってしまうだろう」
　リストの言葉にショパンは困惑する。助け舟を出しているつもりなのだろうか？　そうだとしたら、ふたりの耳に何もかも届いているということなのではないか？
「あなただって興味があるって言ったでしょう、フランツ。ショパンのワルツはシュトラウスともウェーバーとも違う、独特な音楽だって」
「そうは言ったがね。きみ、さっきから喋り通しじゃないか。静かにしてほしいだけだ」
「あなた、本を取り上げられたからってそんなに怒ることないでしょう」
　リストが読書熱にかられるたびに不機嫌になるマリー。テーブルの上にはマリーがリストから取り上げた本が背表紙を上にして横たわっている。
　リストは憤然と前髪をかきあげ、マントルピースの上から別の本を取り上げて無造作にページを開いた。
「わたしはただ、ショパンさんのワルツに関心があるだけよ。シューマンはこう書いているわ。ショパンのワルツは極めて貴族的である、と。貴族的ということは、ウィーンのダンスホールのワルツとは違うということでしょう。あの退屈な音楽ときたら……わたしは嫌いよ」

本から顔をあげ、リストが言う。

「つまり洗練されているということだろう。メロディ、和音、音響の醸し出す色彩と残響。全てが完璧な美で彩られているということだ」

リストは本を置き、立ち上がった。

「そうだね、ショパンくん。きみのワルツはもはやドイツ人の民俗ダンスではない。パリの娯楽音楽とも違う。完璧な芸術だ。問題は、きみが何を表現しようとしたかについてだが……」

ショパンの言葉を待たずにリストは続けた。

「それはきみ自身だ。ショパンのワルツはきみ自身の感情の宝庫とでも言えるかな」

ショパンはかすかに微笑する。

さすがリストだな……と思うが、否定も肯定もしない。

ショパンにとって音楽は大衆的なものではなく、より個人的なものであった。音楽は自己の内面の表出に等しく、深い思索の底から紡ぎだされた音の結晶に他ならない。

「シューマンは面白い人ね。ショパンさんのワルツで踊ることもできるだろうとも書いているわ」

「それも可能でしょう」

立ち上がり、ピアノのほうに歩いて行きながらショパンは言った。

「しかし、ダンスに夢中になるよりもむしろ音楽に耳を傾けてもらいたい。ぼくのワルツは鑑賞向きかもしれません」

ショパンの手がそっと音楽を奏で始めた。

陰鬱な和音の間から、悲しげな旋律が歌い出す。イ短調のこのワルツは、ショパンがウィーンを去った直後に完成させたものだった。

鍵盤に指を走らせながら、ショパンはウィーンの郵便局裏の停車場でティトゥス・ヴォイチェホフスキと別れの抱擁を交わした日のことを思い出した。

「おい、フリッツ、銃剣を持って戦うことが自分の使命だなんて思うなよ」

冷たい外気に晒され、鼻先を赤くしながらヴォイチェホフスキは言ったのだった。

「ぼくが戦場に向かうことと、きみがここに残って作曲を続けることは同じだ。偽りのない感情を表現するという点で何ら変わりはない」

ワルシャワでの武装蜂起勃発の報を受け、帰国を決めた友。その友はポーランドの独立戦争に従軍する決意を固めていた。

「無理して軍歌なんか書く必要はない。ぼくらは心のどこか……核心の部分でつながっているのだから。最高の表現を目指せ。ぼくはきみを神の仲介者として崇めるよ」

「仲介者になろうなんて、ぼくはそんなつもりはない……」

「誰を仲介者とするかは、聞き手が決めることだよ」

ヴォイチェホフスキは爽やかに微笑み、手を差し出した。

「ぼくは信心深い人間ではないが……どうか祈ってくれ。ぼくも祈っている。きみの音楽が永遠の存在となるように。いや、そうなると確信している。後世の人間がそれを証明してくれるだろう」

御者の掛け声と共に郵便馬車が音を立て、動き出す。

友に追いすがるように駆け出しながら、ショパンは言った。

「ティトゥス、約束してくれ。必ず帰ってくると……」

ヴォイチェホフスキは帽子のつばに手をやり、軽く頷いた。

これが、ショパンが見た友の最後の姿となろうとは、その時、いったい誰が想像しただろうか……。

ピアノを奏でながら、ショパンは思う。

――ぼくの感情の核心は常にあの馬車を追って東方に向かっているような気がする。たとえぼくがどこにいようとも……。

瞼を閉じ、彼方に自身のワルツを聴きながら、友を乗せた馬車が乳白色の霞の中に薄れ、消えて行く様を記憶の中でいつまでも追っていた。

ショパンのワルツ

大嶋かず路

　フレデリック・ショパン（1810-1849）のワルツはもっとも人気の高い楽曲の一つであり、演奏される機会も多い。本書に収録された19曲のワルツのうち、ショパンの生前に出版されたのは作品18、作品34の3曲、作品42、作品64の3曲の8曲のみであり、そのほかの作品は作曲家の死後、友人ユリアン・フォンタナ（1810-1869）らによって遺作という形で出版された。

◆ワルツの起源

　ワルツは南ドイツ、オーストリア、ボヘミア地方で流行した幾つかの舞曲を前身とし、3拍子のリズムを特徴とする。回転、旋回を意味するラテン語の動詞volvereを起源とし、ここからドイツ語のwaltzen（転がす）が派生した。この動詞から18世紀中葉にワルツWaltzという舞踏音楽の名称が生じた。

　男女がペアになって踊るワルツは18世紀まで専ら庶民の娯楽であり、上流社会の音楽としては認識されていなかった。1815年のウィーン会議開催期間中に宮廷や貴族の舞踏会で演奏されたことから、ワルツは貴族社会において受容された。

　歴史家カジミェシ・ヴォイチツキによるとポーランドにワルツが本格的に紹介されたのは、プロイセンによるポーランド支配時代（1794-1806）においてである。その後、徐々にワルツの知名度は高まり、1815年から25年までの間でポロネーズをしのぐほどの人気となった。当時の出版カタログに有名、無名の作曲家による多数のワルツが記載されていることからも、ワルシャワにおけるワルツの人気がうかがえる。

　ミハウ・オギンスキ（1730-1800）、カロル・クルピンスキ（1785-1857）、アントニ・ラジヴィーウ（1775-1833）らショパンより一世代上の作曲家がワルツを作曲しているが、その主な特徴として、旋律やリズムなどにおいてマズルカの影響が見られることが挙げられる。ショパンの作品も例外ではなく、民族舞踊の要素と結び付いたワルツが書き残されている。

　ショパンの時代、ワルツは教養人の間ではたしなみであり、ワルツが踊れるということは社交界での常識に等しいものであった。神童として貴族の館で過ごす機会の多かったショパンもまた、幼少期より舞踏会でのワルツに親しみ、リツェウム在学時にはダンスの手ほどきを受ける機会もあったと考えられる。青年期には友人と共に舞踏会に頻繁に足を運び、ダンスにも積極的に参加している。

　ショパンのワルツはこうした中で生み出された。ワルシャワ時代にショパンはいくつかのワルツを書いているが、この時点でショパンがワルツの創作にどれほど熱心に取り組んでいたかは定かではない。ショパンが自身の芸術の表現形態の一つとして独自のワルツを生み出すことを意識するようになるのは、1830年にウィーンに活動拠点を移して以降である。

◆ウィーナー・ワルツ

　当時、ウィーンではヨハン・シュトラウス（父、1804-1849）やヨーゼフ・ランナー（1801-1843）のワルツが人気を博し、いわゆる「舞踏文化」が開花期を迎えていた。こうしたワルツの人気の背景に、ナポレオンによる欧州支配の終焉と、ウィーン会議後の反動的な支配体制下における市民生活の変化がある。日々強化される検閲と罰則の厳格化は市民を恐怖に陥れ、政治的無関心を呼び起こした。その結果、浮き彫りとされたのは教養を高めることに喜びを見出し、娯楽に打ち興じる市民の姿である。このような社会環境下において、ワルツは誰もが気軽に楽しむことのできる音楽として愛され、ウィーン独自の音楽文化を形成させていった。

　18世紀に書かれた初期のワルツは極めて小規模で単調な音楽であったが、19世紀初頭にはウェーバー（1786-1826）らによって演奏会用のワルツが生み出された。それに伴い、序奏とコーダ、5つの小さなワルツの組み合わせによって構成される壮大なワルツが完成した。このようなワルツの構成はショパンにも影響を与えている。流行歌や民謡などの旋律が主題とされる例も見られ、このことはワルツのポピュラリティーを高める要因ともなった。こうした特徴を有するウィーナー・ワルツは世俗音楽と芸術音楽の中間に位置付けられる。壮大で華麗、聴き心地の良いメロディが次々と出現するワルツは市民を魅了し、1820年代には定番の音楽として舞踏会で演奏された。

　ショパンが1830年にコールマルクト5番地に居を定めて音楽活動を開始したとき、ウィーナー・ワルツは全盛期を迎え

ていた。ショパンも時おり舞踏会に招かれ、シュトラウスやランナーの音楽を耳にしている。しかし、ウィーナー・ワルツの圧倒的な人気を前に、ショパンは自分自身の志す音楽とウィーンの人気音楽との違いを意識した。1831年にウィーンからパリに活動拠点を移したショパンは、技巧的で華やかな演奏会向けのワルツを作曲する一方、内省的な表現にとんだ短調のワルツをも創出した。ウィーナー・ワルツとは趣の異なるショパンのワルツについて、ロベルト・シューマンは「貴族的」と称し、フランツ・リストは「あらゆる感情が詩的な主題として繊細に表現されている」と述べた。

ワルツに限らず、ショパンの作品には自己の内面を深く描写する表現が多く見られる。感情表現は19世紀初頭の文学、芸術の中心的なテーマであり、ポーランド・ロマン主義の開花期に創造を志した作曲家ショパンにとってもまた身近なテーマであったと考えられる。感情とは何か、それをいかに表現するべきか——キリスト教神学、哲学、芸術学、文学など多岐にわたる学問分野に及んで議論されたこのテーマは、完全な美の実現に帰結する創造の道を切り開くものであった。大衆的な要素の強いウィーナー・ワルツから離れ、ピアノのみを用いた独自のワルツの作曲を行ったショパンの態度に、自身の芸術を完成させること——すなわち美の創造者となることを志すショパンの意志が見て取れる。このことは、ショパンが絶対音楽にこだわりつづけたこと、晩年の未完の作品を全て焼却するように指示したこと、周囲の要望に抗い、宗教曲や軍歌、愛国的な歴史オペラなどに着手しなかったことに裏付けられている。

ショパンのワルツは作曲年代順から３つの時代区分に分類可能である。

1. ワルシャワ時代（1829-1830）：
  ワルツホ長調、ワルツ変イ長調、ワルツ変ホ長調、ワルツホ短調（以上、作品番号なし）、作品69の2、作品70の3。
2. パリ時代前期（1831-1835）：
  作品18、作品34の1、作品34の2、作品69の1、作品70の1。
3. パリ時代後期（1838-1848）：
  作品34の3、作品42、ワルツ変ホ長調（作品番号なし）、作品64の1、作品64の2、作品64の3、作品70の2、ワルツイ短調（作品番号なし）。

華麗なる大円舞曲 作品18 変ホ長調

1833年に作曲され、弟子のローラ・ホルスフォードに献呈された。1834年に「華麗なる大円舞曲」とのタイトルで、パリで出版された。直筆譜のタイトルは「華麗な円舞曲」である。パリの社交界で成功をおさめたショパンは、サロン向けの作品を作曲し、大きな注目を浴びた。こうした中で書かれたこの作品は、ワルツ作品42と並び、華やかで壮大なスケールを有する。単調な序奏に続き複数の旋律が反復を重ねながら連鎖的に登場し、コーダへと至る。この作品は形式的にはウィーナー・ワルツと相通じるが、ある種のセンチメンタリズムが特徴であるウィーナー・ワルツとは一線を画する。生き生きとした作風は、活気あるパリの社交界でのショパンの活躍を思わせる。

ワルツ作品34の1 変イ長調

作品34の3曲のワルツは1838年に編集され、「３つの華麗なる大円舞曲」とのタイトルが付されて出版された。作曲年はそれぞれ異なる。

1835年夏、ショパンは両親と５年ぶりの再会するためにチェコに向かった。この際、ボヘミアの都市ジェチェーンの大貴族トゥーン・ホーエンシュタインの城に招かれた。そこでショパンはこのワルツを作曲し、令嬢ヨゼフィーヌ（1815-1895）に献呈した。後にショパンはこれに改訂を加え、1838年に作品34の1として出版した。序奏とコーダ、主部と中間部、再現部よりなる三部形式。明朗で絢爛たる色調に包まれた作品である。

ワルツ作品34の2 イ短調

ショパンが最も愛していたワルツであるとの説がある。1831年に作曲され、C.ディヴリ男爵夫人に献呈された。メランコリックな作風が特徴であり、悲しみ、憂愁などの感情と結び付いた音楽として解釈される傾向にある。序奏から結尾に至るまで、物憂げな旋律が連続する。中間部ではイ長調の穏やかな旋律がソステヌートで歌われるが、この旋律は短調で反復され、物悲しい主題に回帰する。

ワルツ作品34の3 ヘ長調

1838年、ショパンとジョルジュ・サンド（1804-1876）との関係が急速に接近する中で作曲された。マジョルカ島への

出発に際し、ショパンはこの作品の校訂作業を友人フォンタナに託した。作品34の1同様、速いテンポの軽快なワルツである。素速い旋回が特色のポーランド民俗舞踊オベレクを想起させる主題が特徴的である。

ワルツ作品42 変イ長調

ワルツ作品42はショパンの創作意欲が頂点にあった頃の作品であり、1840年に完成され、同年出版された。同時期に作曲された作品に《バラード第3番》作品47、《スケルツォ第3番》作品39、《ピアノ・ソナタ第2番》作品35などがある。8小節のトリルの序奏に導かれ、複数の旋律が反復しながら次々と登場する。華やかでドラマチックな展開を有する作品である。

ワルツ作品64の1 変ニ長調

作品64の3つのワルツは1847年に出版された。重篤な病状にあったショパンの手による最後の出版である。2年後の1849年にショパンは世を去った。

「小犬のワルツ」の愛称で知られる作品64の1は1846年から47年の間に作曲され、ショパンと長年親交を結んだデルフィーナ・ポトツカ伯爵夫人（1807-1877）に献呈された。三部形式の小規模な作品である。急速に回転するかのような主題と中間部の高雅な旋律が美しい対象を描きだし、作品全体に絢爛華麗な響きをもたらしている。この作品については、小犬がじゃれる姿に触発されて書かれたとの逸話が有名である。スピード感のある小規模な作品であるところから「1分間ワルツ」との愛称で呼ばれることもある。

ワルツ作品64の2 嬰ハ短調

1846年から47年の間に作曲され、シャーロット・ド・ロートシルド男爵夫人（1825-1899）に献呈された。パリ有数の大富豪ナタニエル・ド・ロートシルド男爵（1812-1870）は芸術愛好家であり、ショパンのパトロンの一人であった。その妻シャーロットにはこのほか《バラード第4番》作品52が献呈されている。このワルツは作品34の2と同様、メランコリックな作風を特徴とする。憂愁を帯びた主題に導かれ、下降する旋律が速いピッチで繰り返される。中間部では変ニ長調の優美な旋律が奏せられる。下降する音形が再度繰り返され、再現部に移行する。

ワルツ作品64の3 変イ長調

1846年から47年の間に作曲され、詩人ジクムント・クラシンスキ（1812-1859）の義姉カタジナ・ブラニツカ伯爵夫人（1825-1907）に献呈された。クラシンスキはポーランドの三大詩人の一人であり、幼少より文学的才能を発揮し、ショパンと共に神童としてワルシャワのサロンで人気を博した。穏やかで優美な主題が転調をくりかえしながら楽曲の色調を変化させる。中間部では低音のメロディがゆったりと奏でられ、移り気な転調によって再現部へと導かれる。優雅さと激しさを併せ持つ作品である。

ワルツ作品69の1 [遺作] 変イ長調

1835年、ドレスデンのヴォジンスキ伯爵（1784-1849）の屋敷に滞在したショパンは令嬢のマリア（1819-1896）と恋に落ちた。幸福なひと時を過ごしたショパンはドレスデンを発つ直前にマリアにこのワルツを贈った。ふたりの恋はその後、破局を迎え、この曲は「別れのワルツ」と呼ばれるようになった。三部形式。憂いを帯びた優美な主題が楽曲全体を甘美な響きで覆う。中間部は躍動的である。恋の喜び、別れの憂い、身も踊るような幸福など当時のショパンの心情が反映されているかのようである。この作品はその後幾つかの改訂版が作られたが、1835年に書かれたものが最も一般的である。ショパンの死後、1855年に遺作として出版された。

ワルツ作品69の2 [遺作] ロ短調

1829年、ワルシャワ時代に作曲されたワルツの一つである。1852年に遺作としてクラクフで出版された。三部形式で構成されており、物悲し気な主題がアウフタクトで打ち出される。中間部では作品34の2同様、長調の明るい旋律が穏やかに奏せられるが、この旋律は短調で反復され、再現部へと至る。

ワルツ作品70の1 [遺作] 変ト長調

作品70の3曲のワルツはショパンの死後フォンタナによって編集され、1855年に出版された。作品70の1は、1832年パリで着手された。中間部にトリオを有する小さなワルツである。明るく軽快な主題とゆったりとした抒情的なトリオが美しいコントラストを描き出す。

ワルツ作品70の2［遺作］ ヘ短調

1841年作曲。手稿には幾つかの異本が現存し、弟子のマリア・デ・クルドナー嬢を含む複数の女性に献呈されている。メランコリックな主題は途中で長調に転じ、優美な楽想へと変移する。陰と陽の揺れ動く繊細な美しさが作品の特徴をなしている。

ワルツ作品70の3［遺作］ 変ニ長調

1829年、ワルシャワで作曲された。友人ティトゥス・ヴォイチェホフスキ（1808-1879）宛の書簡によると、当時ショパンは音楽院の同窓生コンスタンツヤ・グワトコフスカ嬢（1810-1889）に恋心を抱いており、彼女の姿を夢想する中でこのワルツが生み出されたとされる。三部形式。優美な主題が作品の美しさを際立たせている。中間部ではチェロの音色を思わせる低音の旋律が、ショパンの切々とした心情を吐露(と)するかのように奏せられる。ショパン自身この旋律について、秘めたる思いを表現したものであると述べている。

ワルツ第14番［遺作］ ホ長調 KK IVa/12

1829年作曲。ショパンはこの作品の出版を望んではいなかったとされるが、1861年にリヴィウ（現ウクライナ）の音楽協会より出版された。冒頭にテンポ・ディ・ヴァルス（ワルツのテンポで）と指定された数少ないワルツの一つである。ロンド形式。荘厳で華麗な序奏に続き、甘美な主題が奏せられる。オクターヴによる深々とした旋律や上行する音形が楽曲の情緒を盛り立てる。

ワルツ第15番［遺作］ 変イ長調 KK IVa/13

正確な作曲年は不明であるが、1827年から1830年の間に書かれたとされる。ショパンの作曲の師匠ユーゼフ・エルスネル（1769-1854）の娘エミリア（1811-1864）のアルバムに書き残された二つのワルツのうちの一曲である。短いトリオを挟む三部形式のワルツである。

ワルツ第16番［遺作］ 変ホ長調 KK IVa/14

ワルツ変イ長調と共にエミリア・エルスネルのアルバムに書き残された。この2曲は同時期に書かれたと考えられる。オクターヴがゆったりと上下行する中で優雅な主題が織りなされる。中間部のロンドは非常に短い。南ドイツの舞踊レントラーやポーランドの民俗舞踊の要素が見られる風流なワルツである。

ワルツ第17番［遺作］ ホ短調 KK IVa/15

ショパンは1830年5月にティトゥス・ヴォイチェホフスキに宛てた書簡にこのワルツについて言及し、「来週にはきみに新しいワルツを送る」と書いている。うねるような8小節の序奏に続き、ホ短調の主部がドラマチックに展開する。中間部では右手がリリックな旋律を奏する一方、左手の上昇する音形が主部の緊迫感を伝える。

ワルツ第18番［遺作］ 変ホ長調 KK IVb/10

この作品は1840年7月20日に銀行家エミール・ガイヤール（1821-1902）のアルバムに書き残された。この手稿にはタイトルの記載がなく、Sostenutoとのみ記されている。ショパンの死後フォンタナによってワルツとして出版された。二部形式の短いワルツである。前半では右手が明朗な旋律を奏で、後半では左手が愁いを帯びた旋律を奏する。ガイヤールはショパンの弟子であり、《マズルカ》イ短調が献呈されている。

ワルツ第19番［遺作］ イ短調 KK IVb/11

作曲年については異論があるが、1847年前後に書かれたと考えられる。ロートシルト家が所蔵していたショパンの自筆譜が後年公開され、1955年に出版された。イ短調とイ長調の二つの旋律が交互に登場し、移り変わる陰と陽のイメージを伝える。冒頭の憂愁に満ちた旋律は、マズルカ調である。途中、陽気で快活な旋律がイ長調で短く奏され、再び冒頭の旋律に回帰する。

主要参考文献

Goldberg, Halina ed., *The Age of Chopin: Interdisciplinary Inquiries*, Bloomington: Indiana University Press, 2004.
Kobylańska, Krystyna ed., *Fryderyk Chopin Briefe*, Berlin: Henschelverlag, 1983.
Niecks, Frederick, *Friedrich Chopin als Mensch und als Musiker, vol. 1*, Leipzig: Verlag von F. E. C. Leuckart, 1890.
Reardon, Bernard, *M. G. Religion in the Age of Romanticism: Studies in Early Nineteenth-Century Thought*, Cambridge: Cambridge University Press, 1985.
Samson, Jim ed., *The Cambridge Companion to Chopin*, Cambridge: Cambridge University Press, 1994.
Schumann, Robert, *On Music and Musicians*, California: University of California Press, 1983.
Taruskin, Richard, *Music in the Seventeenth and Eighteenth Centuries*, Oxford: Oxford University Press, 2010.
Zieliński, Tadeusz A, *Chopin: Sein Leben, sein Werk, seine Zeit*, Bergisch Gladbach: Gustav Lübbe Verlag, 1999.

アンジェロス、J.F『ドイツ・ロマン主義』野中成夫他訳、東京：白水社、1976年。
加藤雅彦『ウィンナ・ワルツ——ハプスブルク帝国の遺産』東京：日本放送出版協会、2003年。
ザフランスキー、リュディガー『ロマン主義』津山拓也訳、東京：法政大学出版局、2010年。
サムスン、ジム『ショパン　孤高の創造者——人・作品・イメージ』大久保賢訳、東京：春秋社、2012年。
ヘルマン、ゾフィア他編『ショパン全書簡1816～1831年——ポーランド時代』関口時正他訳、東京：岩波書店、2012年。
ミウォシュ、チェスワフ『ポーランド文学史』関口時正他訳、東京：未知谷、2006年。
リスト、フランツ『ショパンの芸術と生涯』蕗沢忠枝訳、東京：モダン日本社、1942年。
レンツ、ヴィルヘルム・フォン『パリのヴィルトゥオーゾたち——ショパンとリストの時代』中野真帆子訳、東京：ショパン、2004年。
『ショパン——パリの異邦人』東京：河出書房、2014年。

GRANDE VALSE BRILLANTE
à Mlle Laura Horsford

Op. 18

leggieramente

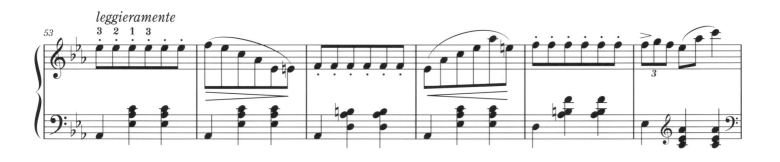

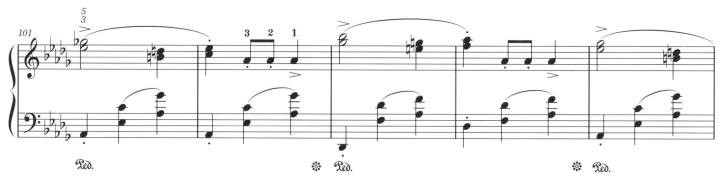

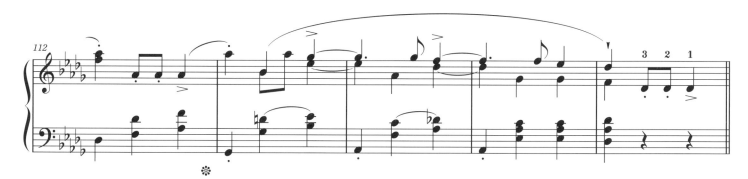

GRANDE VALSE BRILLANTE
à M.lle J. de Thun-Hohenstein

Op. 34-1

運指：イリーナ・メジューエワ／ペダル：フランス初版に基いている。現代のピアノで演奏する際は修正や補足をすること

GRANDE VALSE BRILLANTE

à Madame la Baronne C. d'Ivry

Op. 34-2

運指：イリーナ・メジューエワ／ペダル：フランス初版に基いている。現代のピアノで演奏する際は修正や補足をすること

GRANDE VALSE BRILLANTE

à Mlle A. d'Eichtal

Op. 34-3

運指：イリーナ・メジューエワ／ペダル：フランス初版に基いている。現代のピアノで演奏する際は修正や補足をすること

VALSE

Op. 42

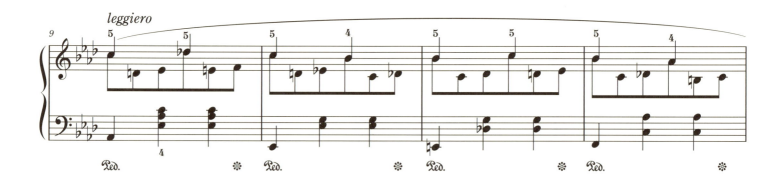
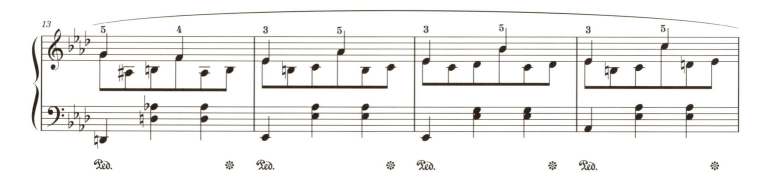

運指：イリーナ・メジューエワ／ペダル：フランス初版に基いている。現代のピアノで演奏する際は修正や補足をすること

VALSE

à Madame la Comtesse Delphine Potocka

Op. 64-1

運指：イリーナ・メジューエワ／ペダル：フランス初版に基いている。現代のピアノで演奏する際は修正や補足をすること

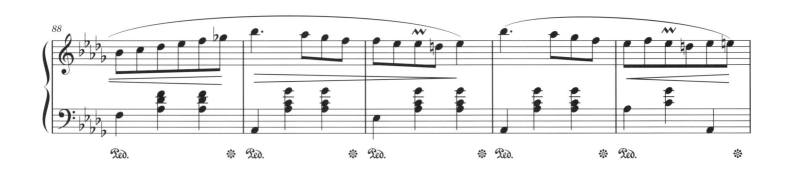
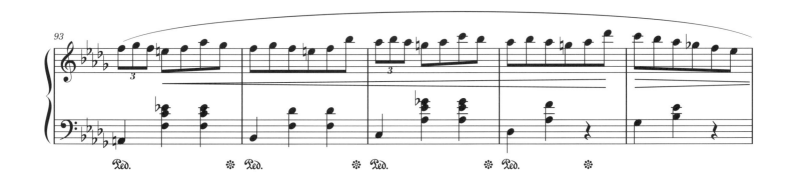

VALSE

à Madame la Baronne Nathaniel de Rothschild

Op. 64-2

VALSE

à Mademoiselle la Comtesse Catherine Branicka

Op. 64-3

運指：イリーナ・メジューエワ／ペダル：フランス初版に基いている。現代のピアノで演奏する際は修正や補足をすること

VALSE
自筆譜による版

Op. 69-1

運指：イリーナ・メジューエワ／ペダル：自筆譜に基いている。現代のピアノで演奏する際は修正や補足をすること

VALSE

フォンタナの校訂による版

Op. 69-1

運指:イリーナ・メジューエワ/ペダル:フォンタナの校訂による版に基いている。現代のピアノで演奏する際は修正や補足をすること

VALSE
自筆譜による版

Op. 69-2

運指：イリーナ・メジューエワ

VALSE

フォンタナの校訂による版

Op. 69-2

運指：イリーナ・メジューエワ／ペダル：フォンタナの校訂による版に基いている。現代のピアノで演奏する際は修正や補足をすること

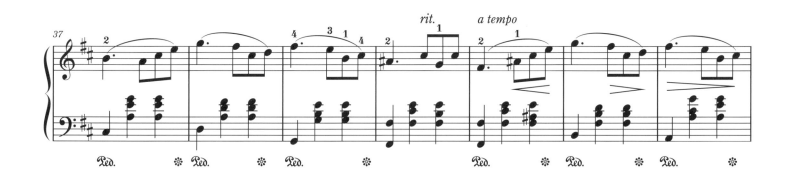

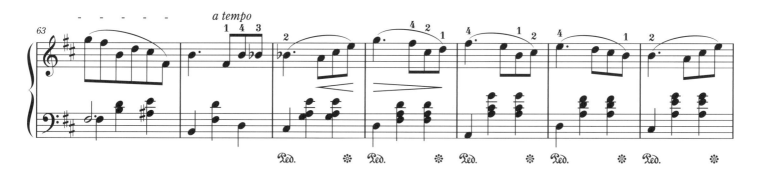

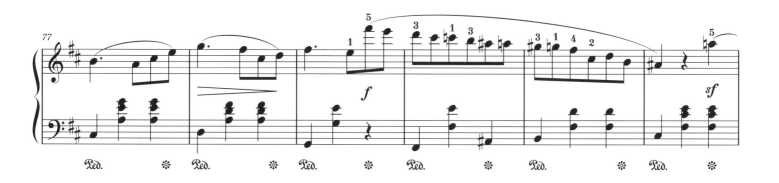

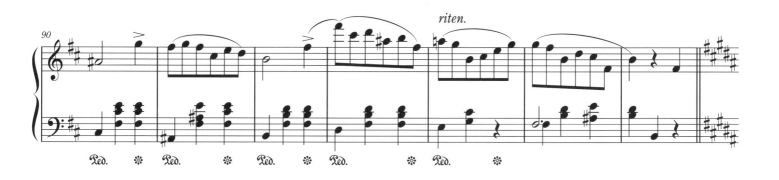

VALSE

Op. 70-1

運指：イリーナ・メジューエワ／ペダル：フォンタナの校訂による版に基いている。現代のピアノで演奏する際は修正や補足をすること

VALSE
自筆譜による版

Op. 70-2

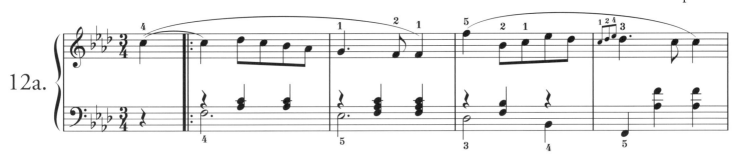

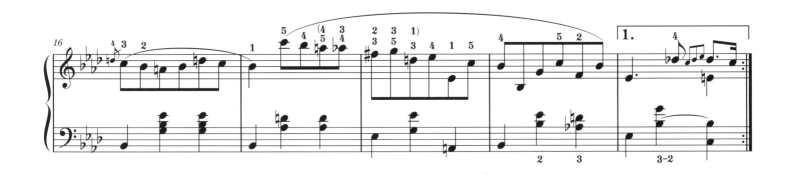
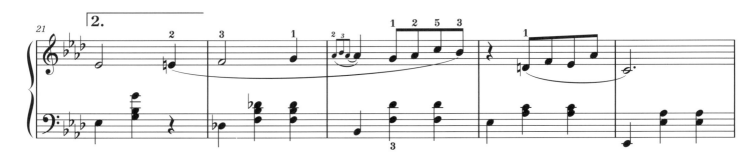

運指：イリーナ・メジューエワ

VALSE

フォンタナの校訂による版

Op. 70-2

運指：イリーナ・メジューエワ／ペダル：フォンタナの校訂による版に基いている。現代のピアノで演奏する際は修正や補足をすること

VALSE

Op. 70-3

運指：イリーナ・メジューエワ／ペダル：フォンタナの校訂による版に基いている。現代のピアノで演奏する際は修正や補足をすること

Fine o da Capo il Valzo

VALSE

KK IVa/12

VALSE

KK IVa/13

運指：イリーナ・メジューエワ

VALSE

KK IVa/14

運指：イリーナ・メジューエワ

VALSE

KK IVa/15

運指：イリーナ・メジューエワ／ペダル：ブライトコプフ版に基いている。現代のピアノで演奏する際は修正や補足をすること

VALSE

KK IVb/10

運指：イリーナ・メジューエワ

VALSE

KK IVb/11

運指：イリーナ・メジューエワ

本版について

本版は、主に下記の資料を基とし自筆譜、フランス、ドイツ、イギリスの初版、弟子の楽譜に対する書き込み、カロル・ミクリKarol Mikuliの校訂版、各種原典版を可能な限り参照した上で、実用譜として作成した音楽之友社オリジナル版です。

ショパンの没後にユリアン・フォンタナJulian Fontanaの校訂によって出版された作品の中でOp.69-1、Op.69-2、Op.70-2の３曲については、自筆譜による版をフォンタナの校訂による版とともに掲載しました。

ペダルはオリジナルに基づいたものを載せ、イリーナ・メジューエワによる運指を新たに加えています。但しイタリックの書体の運指はショパン自身によるものです。

1.	Op. 18	フランス初版：Paris: M.Schlesinger, M.S.1599
2.	Op. 34-1	フランス初版：Paris: M.Schlesinger, M.S.2715.1
3.	Op. 34-2	フランス初版：Paris: M.Schlesinger, M.S.2716.2
4.	Op. 34-3	フランス初版：Paris: M.Schlesinger, M.S.2717.3
5.	Op. 42	フランス初版：Paris: Pacini, no.3708
6.	Op. 64-1	フランス初版：Paris: Brandus et Cie, No.4743(1)
7.	Op. 64-2	フランス初版：Paris: Brandus et Cie, No.4743(2)
8.	Op. 64-3	フランス初版：Paris: Brandus et Cie, No.4743(3)
9a.	Op. 69-1	自筆譜
9b.	Op. 69-1	ユリアン・フォンタナによる校訂版：Berlin: A.M.Schlesinger, S.4395
10a.	Op. 69-2	自筆譜
10b.	Op. 69-2	ユリアン・フォンタナによる校訂版：Berlin: A.M.Schlesinger, S.4395
11.	Op. 70-1	ユリアン・フォンタナによる校訂版：Berlin: A.M.Schlesinger, S.4396
12a.	Op. 70-2	自筆譜
12b.	Op. 70-2	ユリアン・フォンタナによる校訂版：Berlin: A.M.Schlesinger, S.4396
13.	Op. 70-3	ユリアン・フォンタナによる校訂版：Berlin: A.M.Schlesinger, S.4396
14.	KK IVa/12	Leipzig: Breitkopf & Hartel, Bd.13
15.	KK IVa/13	Leipzig: Breitkopf & Hartel, Nr.23183II
16.	KK IVa/14	Leipzig: Breitkopf & Hartel, Nr.23183I
17.	KK IVa/15	Mainz: Les Fils de B. Schott no.19551
18.	KK IVb/10	自筆譜
19.	KK IVb/11	自筆譜

ショパン　ワルツ集　遺作付　解説付　New Edition

2018年2月28日　第１刷発行
2025年6月30日　第９刷発行

解説　大嶋かず路
運指　イリーナ・メジューエワ
発行者　時枝　正

東京都新宿区神楽坂6の30
発行所　株式会社 音楽之友社
電話 03(3235)2111(代)　〒162-8716
振替 00170-4-196250
https://www.ongakunotomo.co.jp/

414440

© 2018 by ONGAKU NO TOMO SHA CORP., Tokyo, Japan.

落丁本・乱丁本はお取替いたします。
Printed in Japan.

楽譜浄書：中野隆介
印刷：錦明印刷（株）
製本：(株)誠幸堂

本書の全部または一部のコピー、スキャン、デジタル化等の無断複製は著作権法上での例外を除き禁じられています。また、購入者以外の代行業者等、第三者による本書のスキャンやデジタル化は、たとえ個人や家庭内での利用であっても著作権法上認められておりません。